AF450834

MEDÉE

ET

JASON,

TRAGEDIE.

REPRESENTÉE POUR LA PREMIERE FOIS
PAR L'ACADÉMIE ROYALE
DE MUSIQUE,

Le Lundy vingt-quatriéme Avril 1713.

Et remise au Théatre le dix-septiéme Octobre 1713. avec plusieurs augmentations.

Le prix est de trente sols.

A PARIS,
Chez PIERRE RIBOU, Quai des Augustins, à la descente
du Pont-Neuf, à l'Image Saint Loüis.

M. DCC. XIII.
Avec Approbation, & Privilege du Roy.

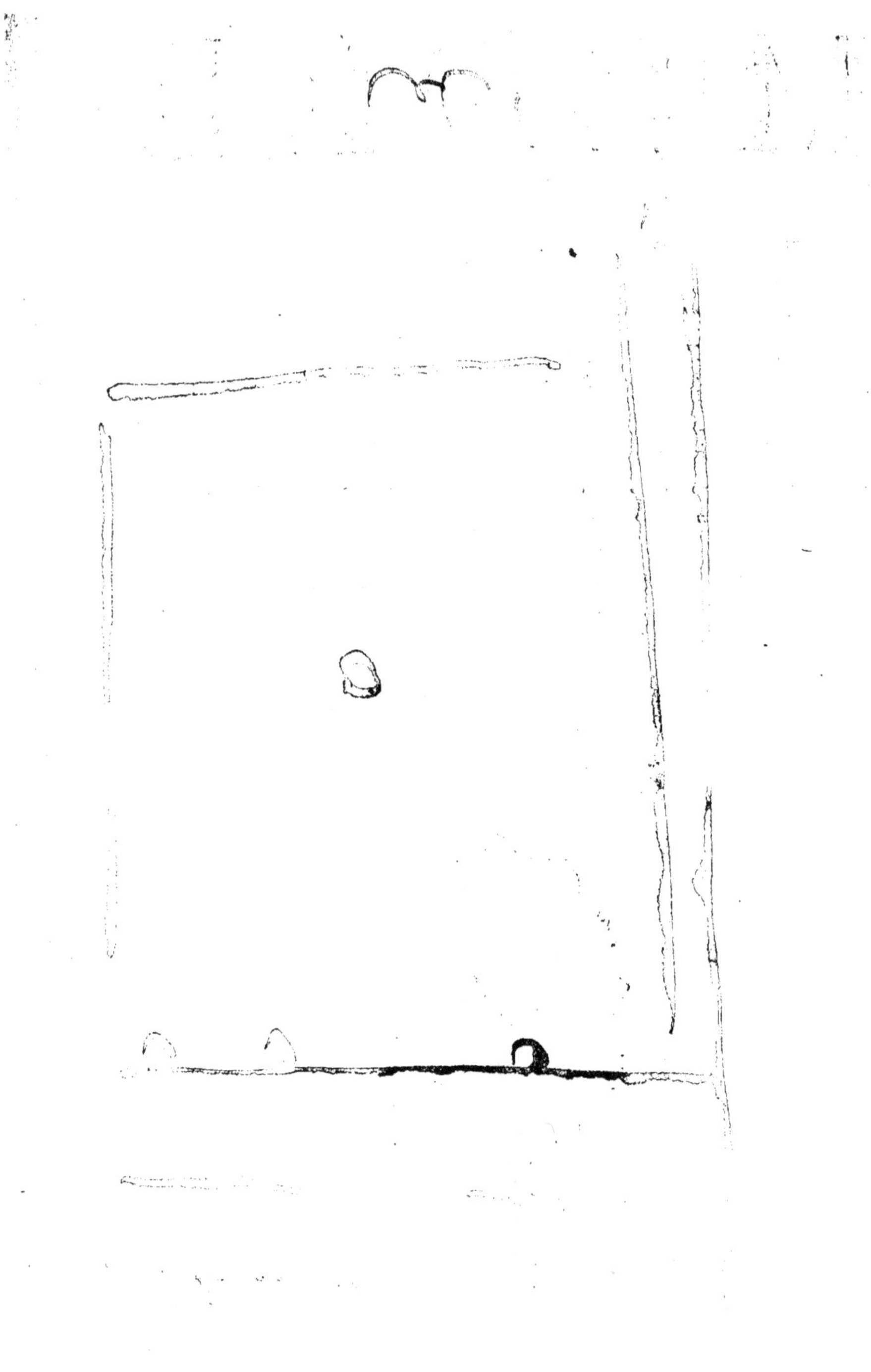

PERSONNAGES

DU PROLOGUE.

L'EUROPE.   Mademoiselle Milon.
L'APOLLON.   Monsieur Hardoüin.
MELPOMENE.   Mademoiselle Antier.

TROUPE des Jeux & des Arts.

TROUPE d'Habitans des Rives de la Seine.

Noms des Actrices & des Acteurs, chantants dans tous les Chœurs du Prologue & de la Tragedie.

SECOND RANG.   PREMIER RANG.

MESDEMOISELLES

Linbourg.	Pasquier.	Basset.	Tetlet.
Guillet.	Mesnier.	De Kerkof.	Menez.
La Roche.	Du Laurié.	Deboizé.	Billon.

MESSIEURS

Paris.	Flamand.	Deshayes.	Gervais.
Thomas.	Alexandre.	Lebel.	Duplessis.
Courteil.	Le Jeune.	Morand.	Le Comte.
Corby.	Le Mire L.	La Rosiere.	Desjardins.

a ij

DIVERTISSEMENT
du Prologue.

HABITANS DES RIVES DE LA SEINE.

Messieurs Gaudrau, Javillier, Pierret.

Mesdemoiselles Haran, Isec, Mangot.

SECONDE ENTRE'E

LES JEUX ET LES ARTS.

Monsieur D-Dumoulin.

Messieurs Germain, Dumoulin-L. Duval.

Mesdemoiselles Lemaire, Leroy, & Dimanche-L.

PROLOGUE.

Le Théatre représente l'endroit le plus agréable des Rives de la Seine ; c'est un Vallon délicieux & des Prairies à perte de vûë, où le fleuve serpente.

SCENE PREMIERE.

On entend un bruit de Guerre.

L'EUROPE.

Ciel ! de quel bruit affreux retentissent les airs !

CHOEUR, *derriere le Théatre.*

Courons, courons aux armes.

L'EUROPE.

Puissant Maître de l'Univers,
Ne m'avez-vous soûmis tant de Peuples divers,
Que pour me causer tant d'allarmes ?

a iij

PROLOGUE.

CHOEUR, *derriere le Théatre.*

Courons, courons aux armes.
Triomphons de nos ennemis :
La gloire de les voir foûmis
A pour nous trop de charmes.
Courons, courons aux armes.

L'EUROPE.

Arrêtez, Cruels, arrêtez ;
Reconnoiſſez l'Europe gémiſſante !
Ah ! pour prix de mes ſoins faut-il que je reſſente
Tous les coups que vous vous portez ?

Jupiter, lancez le tonnerre
Sur les ennemis de la Paix ;
Rendez le repos à la Terre,
C'eſt le plus cher de vos bienfaits.

Jupiter, lancez le tonnerre
Sur les ennemis de la Paix.

Mais Appollon & Melpomene
Viennent s'offrir à mes regards :
Ciel ! je vois avec eux & les Jeux & les Arts.
Quel ſoin en ces lieux les amene ?

*Apollon paroît dans un Char brillant avec Melpomene, les
Jeux & les Arts.*

SCENE II.

APOLLON, L'EUROPE, MELPOMENE,
les JEUX, & les ARTS.

APOLLON.

TEs vœux font montez jufqu'aux Cieux,
    Europe, reprend l'efperance.
La victoire a fuivi les drapeaux de la France
    Par l'ordre du Maître des Dieux.

L'EUROPE.

Ah ! mes vœux font comblez ; Jupiter les feconde,
Puifqu'il devient propice au Maître de ces lieux.

C'eft vouloir le bonheur du monde
Que le rendre victorieux.

ENSEMBLE.

C'eft vouloir le bonheur du monde
Que le rendre victorieux.

Les Habitans des Rives de la Seine viennent témoigner leur
joye par des danfes.

APOLLON.

Peuples qui vivez fous l'Empire
D'un Roi, le modele des Rois,
Pour votre bonheur tout confpire,
Soyez attentifs à ma voix.

Malgré la Difcorde cruelle,
Vos maux vont prendre fin ;
Ce font les arrêts du Deftin
Qu'Appollon vous révele.

CHOEUR *des Peuples.*

Malgré la difcorde cruelle,
Nos maux vont prendre fin;
Ce font les arrêts du Deftin
Qu'Appollon nous révele.

On danfe.

MELPOMENE.

Pour terminer le cours de vos cruels malheurs,
Le Vainqueur veut borner le cours de fes conquê-
   tes;
     Et ce n'eft plus que dans vos fêtes,
Que vous verrez couler & du fang & des pleurs.

     Une Paix conftante
     Flate mon attente,
     Puiffe un calme heureux
     Combler toujours vos vœux.

     Loin de ces rivages
     Mars & fes orages,
     Vos plus doux plaifirs
     Font mes plus chers défirs.

     Une Paix conftante, &c.

     Vivez fans allarmes,
     Ne verfez des larmes
     Que parmi mes Jeux.

     Une Paix conftante, &c.

Joüiffez

Le Divertissement continuë.

MELPOMENE.

Joüissez d'un bonheur durable
Sous les loix d'un Heros qui les efface tous;
Je parcours vainement & l'Histoire & la Fable,
Je n'en vois point de comparable
A celui qui regne sur vous.

CHOEUR.

Joüissons d'un bonheur durable
Sous les loix d'un Heros qui les efface tous;
Il n'en est point de comparable
A celui qui regne sur nous.

APOLLON.

Pour de nouveaux plaisirs qu'à l'envi tout s'apprête;
Couronnons cette auguste Fête.
Jeux, Arts qui me suivez, enchantez tous les yeux
Par un appareil magnifique,
Et secondez les vœux de la Muse tragique
Pour augmenter la pompe de ces lieux.

Et vous qui presentez une effrayante image
Des malheurs où le crime engage;
Muse, de Medée en courroux
Rendez les forfaits mémorables;
Apprenez aux Mortels les effets déplorables
De l'Amour infidele & de l'Amour jaloux.

CHOEUR.

Joüissons d'un bonheur durable, &c.

FIN DU PROLOGUE.

b

ACTEURS

DE LA TRAGEDIE.

MEDE'E, *Princeffe de Colchos*,	Mlle Journet.
JASON, *Prince de Theffalie*,	M. Cochereau.
CRE'ON, *Roi de Corinthe*,	M. Thevenard.
CREUSE, *fille de Creon*,	Mlle Pouffin.
NERINE, *Confidente de Medée*,	Mlle Dun.
ARCAS, *Confident de Jafon*,	M. Dun.
CLEONE, *Confidente de Creüfe*,	Mlle Antier.
Troupe de Guerriers & de Peuples.	
Une Amazone,	Mlle Antier.
Un Corinthien,	M. Bufeau.
Une Corinthienne,	Mlle Linbourg.
Troupe de Magiciens & de Demons.	
Trois Magiciens,	Mrs Dun, Chopelet, & Mantienne.
Troupe de Demons transformez en Amours, Nymphes, Jeux, &c.	
Une Nymphe,	Mlle Antier.
Une autre Nymphe,	Mlle Dun.
Un Matelot & une Matelotte,	M. Peliffier & Mlle Antier.
Un Matelot,	M. Bufeau.
Un autre Matelot,	M. Peliffier.
Troupe de Corinthiens.	
Un Corinthien,	M. Bufeau.
Un Garde,	M. Bufeau.
Les trois Furies,	Mrs Dun, Chopelet, & Mantienne.

La Scene eft à Corinthe.

PERSONNAGES DANSANTS
de la Tragedie.

PREMIER ACTE.
GUERRIERS.

Monſieur P-Dumoulin.
Meſſieurs Blondy , Ferrand , Germain , Marcel ,
Javillier , Pierret.
Meſdemoiſelles Lemaire , Leroy , Iſec , Dimanche-L.

ACTE II.
MAGICIENS ET DEMONS.

Monſieur Blondy.

MAGICIENS,

Meſſieurs Dumoulin , Marcel , Gaudrau.

DEMONS.

Meſſieurs P-Dumoulin , Guyot, Duval, Ramau ,
C-Javillier , Pierret.

ACTE III.
AMANTS HEUREUX.

Mademoiſelle Guyot.
Meſſieurs F-Dumoulin , D-Dumoulin, Gaudrau ,
Meſdemoiſelles Lemaire , Iſec , Haran.

ACTE IV.
FESTE MARINE.

Monfieur F-Dumoulin.

Meffieurs P-Dumoulin , D-Dumoulin.
Dangeville-L. , Duval.
Javillier , Pierret.
Guyot , Dangeville.

Mademoifelle Prevôt.

Mefdemoifelles Ifec , Haran , Mangot , Corbiere.

ACTE V.
CORINTHIENS ET CORINTHIENNES.

Meffieurs Marcel , Gaudrau , Javillier , Pierret,
P-Dumoulin.

Mefdemoifelles Lemaire , Leroy , Ifec , Ramau ,
Dimanche-L.

MEDE'E.

MEDÉE

ET

JASON,

TRAGEDIE.

ACTE PREMIER.

Le Theatre represente une Place publique de la Ville de Corinthe, ornée d'un Arc de triomphe, de Statuës & de Trophées sur des pied-d'estaux, bornee par le Palais de Creon dans le fond.

SCENE PREMIERE.

JASON, ARCAS.

ARCAS.

Eigneur, d'où peut venir l'ennui qui vous accable?

JASON.

Ah ! laisse-moi cacher le trouble où tu me vois.

A

ARCAS.

Et la Gloire & l'Amour, tout vous eſt favorable.
Pour prix de vos derniers exploits,
La Gloire vous préſente une Princeſſe aimable,
Dont l'Amour lui-même a fait choix :
Vous l'adorez, elle vous aime,
L'Hymen va vous unir; quel ſort eſt plus charmant!

JASON.

Helas ! c'eſt dans cet hymen même
Que je trouve un nouveau tourment.

ARCAS.

Quoi ! Creüſe pour vous a-t-elle éteint ſa flâme ?
Mais, non; plus que jamais vous regnez dans ſon
ame.

JASON.

Elle n'a point changé; mais tout prêt d'être heureux.
Aux tranſports les plus doux je me livre avec peine;
Que ne peut le remord ſur un cœur genereux !
Vers ce nouvel hymen en vain l'amour m'entraîne;
Tu le ſçais trop, Arcas, pour en former les nœuds.
J'ay rompu ma premiere chaîne;
J'ay pû trahir Medée; Ah ! trop injuſte Epoux !
A l'oublier vainement je m'efforce.

ARCAS.

Vous vous reprochez un divorce

Que la Gloire exigea de vous !

JASON.

Arcas, c'eſt peu d'être parjure;
Je trahis mes enfans, je les rends malheureux;
Quand je fais à leur mere une cruelle injure,
La honte en retombe ſur eux.

Quoi ! dans Corinthe armé pour leur défenſe,
Créon fait avec gloire élever leur enfance;
Et je puis… vains remords d'un cœur trop amou-
reux !

Ah ! qu'il eſt dangereux d'avoir un cœur trop tendre!
L'amour & le devoir me parlent tour à tour :
Mais, le devoir eſt foible, & j'ai peine à l'entendre,
Je n'écoûte plus que l'amour.

De ſon fatal pouvoir je ne puis me défendre :
Mais, Creüſe vient en ces lieux;
Amour, c'eſt à toi ſeul de paroître à ſes yeux.

SCENE II.

JASON, CREUSE.

JASON.

Rincesse, quel bonheur pour Jason se prépare !
L'Hymen forme pour moi les nœuds les plus char-
    mans,
    Le Roi pour mes feux se déclare.

CREUSE.

Seigneur, je suis soûmise à ses commandemens.

JASON.

Vous parlez d'obéir, helas ! belle Creüse,
Mon cœur ne tiendra-t-il son bonheur que du Roi ?
Non, ses bontez en vain se signalent pour moi,
    Ne croyez pas que j'en abuse.

CREUSE.

    Votre cœur est trop généreux,
    Il ne voudroit pas me contraindre
    A former de funestes nœuds.

JASON.

Qu'entends-je ? ô Ciel !

CREUSE.

        Que sert de feindre ?
Je ne sçaurois vous rendre heureux.

JASON.

Cruelle, vous changez ! Eh, qui l'auroit pû croire !
Des plus facrez fermens vous perdez la memoire :
Mais, quel eft cet heureux Vainqueur,
Qui me bannit de votre cœur ?

CREUSE.

N'en demandez pas davantage ;
Je fuis plus à plaindre que vous.
Que vais-je devenir, fi le devoir m'engage
A vous accepter pour époux ?

JASON.

Vous pouvez rendre heureux un cœur qui vous adore,
Et vous êtes à plaindre encore !
Ah ! je n'écoûte plus qu'un affreux defefpoir,
Il faut vous affranchir d'un rigoureux devoir…

CREUSE.

Arrêtez. Ciel ! qu'allez-vous faire ?

JASON.

Inhumaine, je vais mourir.

CREUSE.

Je frémis… demeurez : il faut vous découvrir
Un trop fatal myftere.
La mort où je vous vois courir,
Ne me permet plus de me taire :
Quand je vous refufe ma main,
C'eft l'Amour, & je l'en attefte,
Qui m'en infpire le deffein.
Achever un hymen qui vous fera funefte,

C'eſt vous plonger moi-même un poignard dans le ſein.
De Medée en fureur que n'ay-je pas à craindre?
Je crois déja la voir prête à vous immoler.
Ah ! dans un ſang ſi cher ſon courroux va s'éteindre;
Toute abſente qu'elle eſt, elle me fait trembler.

JASON.

Vous tremblez pour mes jours ! ô ſoin rempli de char-
   mes !
      Que vois-je ? vous verſez des larmes?
      Ah ! mon ſort eſt trop glorieux !
Mon ſang peut-il payer des pleurs ſi précieux,
      Et de ſi charmantes allarmes ?
Achevez mon bonheur, c'eſt trop le differer.

CREUSE.

Non , rien ne peut me raſſûrer.

JASON.

Banniſſez la frayeur dont votre ame eſt atteinte.
Quel nuage obſcurcit le plus beau de mes jours !

ENSEMBLE.

Ah! pourquoi faut-il que la crainte
Trouble les plus tendres amours.

CREUSE.

Mais le Roi vient , ſouffrez que je vous quitte ,
Qu'il ne ſoit pas témoin du trouble qui m'agite.

SCENE III.

CREON, JASON, GARDES.

CREON.

Prince, tous vos Guerriers, par mon ordre assem-
blez,
Viennent célébrer votre gloire ;
Nous devons ces chants de victoire
Au bonheur dont vous nous comblez.

Vous êtes déformais l'appui de ma puissance :
Les fiers Athéniens de ma grandeur jaloux,
Ont vû tout leur orguëil expirer sous vos coups,
Et ma juste reconnoissance
Ne peut aller trop loin pour vous.

Je ne la borne pas à l'hymen de ma fille.
Aux yeux de mes Sujets, prêt à vous couronner,
Je veux leur faire voir de quelle gloire brille
Le Roi que je vais leur donner.

Que ne merite point votre valeur extrême ?

Creüse en vous donnant sa foi,
Doit vous offrir un Diadême :

Quand on a les vertus d'un Roi,
On est digne du rang suprême.

JASON.

Seigneur, Creüse seule est trop belle à mes yeux,
Et sans l'éclat de la couronne ....

CREON.

Vous deviez en naissant, la recevoir des Dieux :
Il est tems qu'un Roi vous la donne.

JASON.

Ai-je pû meriter la gloire d'un tel choix ?

CREON.
On vient celebrer vos exploits.

SCENE IV.

CREON, JASON, Troupe de Guerriers &
de Peuples de CORINTHE.

CREON.

PAr des jeux, par des chants dignes de sa vic-
toire,
   Celebrez ce jeune Heros ;
   Corinthe lui doit son repos,
  Et vous lui devez votre gloire.

CHOEUR

TRAGEDIE.

CHOEUR.

Par des jeux, par des chants dignes de sa victoire,
Celebrons ce jeune Heros ;
Corinthe lui doit son repos,
Et nous lui devons notre gloire.

UNE AMAZONE.

Pour un Heros victorieux
Retentis dans les airs éclatante Trompette ;
Que son nom vole jusques aux Cieux,
Qu'avec nous l'Echo le répete.
Pour un Heros victorieux
Retentis dans les airs éclatante Trompette.

UN CORINTHIEN ET UN CORINTHIENNE.

Un plein repos comble nos vœux ;
Que nos douceurs seront parfaites !
On ne doit plus dans ces retraites
Entendre que des chants heureux.

Dieu qui te plais au bruit des armes,
O Mars, fui ce charmant séjour ;
Qu'il ne soit permis qu'à l'Amour
D'y faire sentir des allarmes.

LA CORINTHIENNE.

Suivons les loix que l'Amour inspire,
Que dans ces lieux il regne avec la Paix :

Sous son Empire
Un cœur soûpire,
Mais ses plaisirs n'en ont que plus d'attraits,
Portons ses chaînes,
Aimons ses peines,
Rien n'est si doux que de sentir ses traits.

CREON.

Adressez tous vos chants au Vainqueur glorieux,
Qui fait le bonheur de ces lieux.

On l'a vû par tout invincible
Voler au milieu des hazards.
Ah! que l'Amour, s'il est possible,
Le favorise autant que Mars.

LE CHOEUR *repete ces quatre derniers Vers.*

CREON.

Préparons de nouvelles fêtes,
Qu'un triomphe plus doux couronne le Vainqueur.
Par un heureux hymen, assûrons à son cœur
La plus chere de ses conquêtes.

FIN DU PREMIER ACTE.

ACTE SECOND.

Le Théatre represente un agréable Paisage au pied
d'une Montagne qui s'éleve jusqu'au Ciel d'un côté :
On voit de l'autre une Campagne à perte de vûë au
voisinage de Corinthe.

SCENE PREMIERE.

CREUSE, CLEONE.

CLEONE.

On je n'approuve point cetté frayeur mortelle,
Qui vient de votre cœur troubler l'heüreuse
   paix.

CREUSE.

Puis-je voir sans frayeur une image cruelle,
   Qui ne m'abandonne jamais ?

B ij

CLEONE.

Qui peut vous allarmer?

CREUSE.

Un songe épouvantable....
J'en aurois à Jason montré toute l'horreur;
Mais il auroit blâmé la douleur qui m'accable:
J'ai renfermé mon trouble dans mon cœur.

CLEONE.

Quel est ce songe affreux?

CREUSE.

Tu vas trembler, Cleone,
A te le retracer moi-même je frissonne.
A peine le sommeil vient me fermer les yeux,
Que j'entends gronder le tonnerre.
Un nuage s'entr'ouvre, & du plus haut des Cieux
Je vois un Char brûlant descendre sur la terre.
Medée est dans ce Char qui fait frémir les airs;
Ses yeux étincelans de rage
Sont plus ardents que les éclairs
Qu'on voit briller pendant l'orage.
Le Palais de Creon soudain est enflâmé;
Jason par l'amour animé,
Cherche au travers des feux à s'ouvrir un passage;
Contre lui, contre moi tout l'Enfer est armé:
J'invoque en vain les Dieux, que pour lui seul j'im-
plore.

Sur lui Medée avance un poignard à la main :
Je ne vois point le coup qui lui perce le sein ;
Mais du sang de Jason ce poignard fume encore.

CLEONE.

Avec un tendre amant ce jour doit vous unir,
Goûtez un bien certain, laissez un vain mensonge,
Eh ! pourquoi sur la foi d'un songe,
Chercher des maux dans l'avenir ?

Medée a pour jamais quitté la Thessalie,
Acaste, ardent à se vanger,
Poursuit le meurtre de Pélie
Qu'elle vient de faire égorger :
Dans des climats lointains elle cherche un azile.

CREUSE.

Non, son éloignement ne me rend point tranquille ;
Que ne peut point son art ! les Monts, les vastes Mers
Ne mettroient entre nous qu'un rempart inutile ;
Un moment lui suffit pour traverser les airs.

Quel bruit ! Ciel ! quel épais nuage
Nous cache la clarté des Cieux ?

On entend une Symphonie effrayante, pendant laquelle il paroît un Tourbillon de nuages qui descend, & en s'ouvrant tout à coup, fait paroître Medée entourée de Magiciens & de Demons, qui s'avancent avec elle sur le Théatre.

SCENE II.

CREUSE, MEDE'E, CLEONE, NERINE.

Troupe de Magiciens & de Demons.

CREUSE.

Dieux! quel objet s'offre à mes yeux !
Mon songe m'a tracé cette terrible image,
Fuyons son aspect odieux :
C'est Medée, évitons sa rage.

Medée s'avance vers Creüse, & la touche de sa Baguette
magique.

Cleone s'enfuit.

MEDE'E.

Demeure.

CREUSE.

Malgré moi je me sens arrêter,
Par une puissance fatale.

MEDE'E.

Demeure, & connoi ta Rivale
Pour apprendre à la redouter.

Qu'un assemblage affreux à ses regards étale
Tout ce qu'en ma faveur la fureur infernale
A jamais pû faire éclater.

Le Théatre change & represente un lieu affreux, où les plus
grands crimes de Medée sont exprimez.

CREUSE.

Quel fpectacle effroyable, ah ! tout mon fang fe glace.

MEDE'E.

Vous qui portez mes loix en cent climats divers,
Miniftres de mon art, noirs Enfans des enfers,
Annoncez-lui le fort qui la menace.

CHOEUR *de Magiciens & de Demons.*

Tremble, frémi d'effroi,
Tremble Creüfe, tremble ;
Crain tous les maux enfemble,
Ils vont tomber fur toi.

Temble, fremi d'effroi,
Tremble Creüfe, tremble.

On danfe.

Un Magicien, une Magicienne & un Demon.

Des Enfers l'empire fombre
Arme fes fers & fes feux ;
Tu vois tous ces malheureux,
Crain d'en augmenter le nombre.

CHOEUR.

Tremble, frémi d'effroi,
Tremble Creüfe, tremble ;
Crain tous les maux enfemble,
Ils vont tomber fur toi.

MEDE'E.

Oses-tu de Jason me disputer le cœur,
Quand tu vois ce que peut ma rage ?

CREUSE.

Plus je vois quelle est ta fureur,
Plus je ranime mon courage.

MEDE'E.

Quoi ! tu ne frémis pas d'horreur ?

Si l'amour autrefois me rendit inhumaine ;
Que ne doit point faire la haîne !
Tu peux par le passé juger de l'avenir,
Mon cœur moins irrité que tendre
N'avoit qu'un Epoux à défendre,
Et point de Rivale à punir.

CREUSE.

Satisfais ta barbare envie,
Que l'Enfer s'unisse avec toi ;
Tu ne menaces que ma vie,
Tu ne m'inspire point d'effroi.

MEDE'E.

A ma fureur tout est possible ;
Croi-tu qu'elle se borne à te ravir le jour ?
Je sçaurai de ton cœur trouver l'endroit sensible ;
La rage dans le mien l'emporte sur l'amour.

Si je ne puis toucher un Epoux infidele,
Je puis punir ſa trahiſon ;
C'eſt m'ouvrir à ton cœur une route nouvelle,
Que percer le cœur de Jaſon.

CREUSE.

Helas !

MEDE'E.

Ce ſoûpir qui t'échappe
M'apprend ce qui peut te troubler.

CREUSE.

Quoi ! malgré votre amour vous pourriez l'immoler !

MEDE'E.

C'eſt dans ſon cœur qu'il faut que je te frappe.

CREUSE.

Vous menacez Jaſon , je commence à trembler.

MEDE'E *la touchant de ſa Baguette.*

Je ne te retiens plus , va cour, fuy ma préſence ;
Aux yeux de ton Amant , hâte-toi de t'offrir ;
Mais , ſouhaite ſon inconſtance,
Si tu ne veux le voir perir.

SCENE III.

MEDE'E, NERINE.

NERINE.

QUoi ! fur une tête fi chere,
Vos tranfports furieux oferoient éclater ?

Contre un Ingrat qui fçût vous plaire,
Gardez de vous trop emporter.
Non, non, ce n'eft point la colere,
C'eft l'amour qu'il faut confulter.

MEDE'E.

Je ne l'entends que trop cet amour plein de charmes,
De toute ma colere il triomphe en vainqueur.
Helas ! mille tendres allarmes
Parlent pour mon Ingrat dans le fond de mon cœur.
Mais j'ai vû trembler ma Rivale,
Lorfque de fon Amant j'ai menacé les jours ;
Elle craint pour Jafon ma vangeance fatale.
Achevons de troubler de perfides amours.

NERINE.

Mais dans fon changement fi votre Epoux s'obftine ?

MEDE'E.

Ah ! dans mon defefpoir tout me fera permis.

Que n'oſerai-je point ! Nerine,
Juge de ma fureur ; moi-même j'en frémis.

ENSEMBLE.

Que l'amour jaloux eſt à craindre !
Que ne peut-il point immoler !
Quel ſang ne fait-il pas couler
Pour ſe vanger ou pour s'éteindre ?
Tout cede à ſes coups,
Il eſt implacable ;
L'Enfer en courroux
Eſt moins redoutable
Que l'amour jaloux.

NERINE.

Approuvez un conſeil que m'inſpire mon zele ;
Pour rappeller un infidele,
Eſſayez ce que peut l'amour.

MEDE'E.

J'y conſens : mais enfin ſi ma tendreſſe eſt vaine,
Je n'écoûte plus que ma haine.
Je vais remplir d'horreur ce funeſte séjour.

Nerine, de ma part va trouver mon Parjure ;
Dans ces lieux écartez di-lui que je l'attends :
Cour, vole, en vains projets c'eſt perdre trop de tems,
Mon impatience en murmure.

SCENE IV.

MEDE'E.

ET vous Demons, rentrez dans l'infernal séjour;
Allez armer pour moi la noire Jalousie,
Qu'elle vienne servir ma haine & mon amour.
Que Creüse éprouve à son tour
L'horreur dont mon ame est saisie.

FIN DU SECOND ACTE.

ACTE TROISIÉME.

Le Theatre represente un Bois.

SCENE PREMIERE.

JASON.

POur ma Princesse, helas ! que je ressens d'effroi !
Je l'expose aux fureurs d'une épouse cruelle :
    Ah ! je crois voir tomber sur elle
    Tous les coups qu'elle craint pour moi.

    Arrête, Rivale implacable ;
      Si Jason a trahi sa foi,
    Creüse en est-elle coupable ?
    Est-ce un crime que d'être aimable,
Et d'avoir pris un cœur qui n'étoit plus à toi ?

Pour ma Princeſſe, helas ! que je reſſens d'effroi !
Je l'expoſe aux fureurs d'une épouſe cruelle :
    Ah ! je crois voir tomber ſur elle
    Tous les coups qu'elle craint pour moi.

Employons tous mes ſoins à calmer ſa Rivale,
    Elle doit ſe rendre en ces lieux ;
Qu'à moi ſeul, s'il ſe peut, ſa fureur ſoit fatale.

Mais, quel brillant Palais vient s'offrir à mes yeux ?

Le Théatre change, & repreſente un magnifique
Palais, avec des Jardins enchantez.

SCENE II.

JASON.

Troupe de Demons transformez en Amours, en Nymphes,
en Jeux & en Plaiſirs.

CHOEUR.

C'Eſt dans ces charmantes retraites,
Que regnent les plaiſirs, les Amours & les Jeux ;
Venez de toutes parts, venez Amans heureux,
    C'eſt pour vous ſeuls qu'elles ſont faites.

Une Troupe d'Amans heureux vient joindre les Plaisirs &
les Jeux.

UNE NYMPHE à *Jason.*

Vivez heureux.
   Que vos regrets finissent;
   Vivez heureux.
Les plaisirs dans ces lieux s'unissent;
Brûlez, brûlez des plus beaux feux:
   Vivez heureux.
   Aimez un objet charmant,
     Sa tendresse
     Vous en presse,
Chers Epoux soyez amant.

A l'Amour rendez les armes,
     Les allarmes
     Ont des charmes,
Qu'on ne trouve qu'en aimant.

L'Amour vous appelle,
Soyez plus fidele,
  Mais ne tardez guere;
Un bien qu'on differe
  Perd de ses appas;
L'Amour pour vous plaire
  Vole sur vos pas.

Petit Chœur d'Amans heureux.

Fuyez, amans jaloux,
Vous fentez trop d'allarmes;
Des lieux fi pleins de charmes
Ne font pas faits pour vous.

CHOEUR.

C'eft dans ces charmantes retraités,
Que regnent les Plaifirs, les Amours & les Jeux?
Venez de toutes parts, venez Amans heureux,
C'eft pour vous feuls qu'elles font faites.

UNE NYMPHE.

Chi penfa al riterno
Non teme i martiri
Fa dolci fofpiri;
L'idea di quel giorno
Ravira l'ardore,
E penfand'à goder non hà dolore.

SCENE III.

SCENE III.
CREUSE, JASON.

CREUSE.

O Ciel ! quelle odieuse fête !

JASON.

Dieux ! c'est Creuse ; ô justes Dieux !
Fuyez.

CREUSE.

L'Amour jaloux m'a conduit en ces lieux,
Où parmi les plaisirs ma Rivale t'arrête.
Tu me trahis !

JASON.

Non, ne le croyez pas.

CREUSE.

Tu me trahis.

JASON.

Je vous adore.

CREUSE.

Et bien si tu m'aimes encore,
Fui de ces lieux, & sui mes pas.

JASON.

Ah ! dissipons l'erreur qui vient de la surprendre.

SCENE IV.

MEDE'E, JASON.

MEDE'E.

ARrête.

JASON.

Ah ! laiſſez-moi ….

MEDE'E.

Perfide, tu me fuis !

JASON.

Non, non, je ne puis rien entendre.

MEDE'E.

Elle eſt morte ſi tu la fuis.

JASON.

Juſte Ciel !

MEDE'E.

Sur ſes pas je vois ce qui t'appelle.
Tu veux en me fuyant, l'aſſûrer de ta foi.
Mais, quand tu ſens une flâme nouvelle,
Cruel, tu n'outrages que moi.

JASON.

Que ne m’eſt-il permis de n’être point parjure ?
Mon crime eſt le crime du fort.
Les Grecs pour m’accabler font un commun effort :
Contre tant d’ennemis Créon ſeul me raſſûre.

MEDE’E.

Ingrat, me comptez-vous pour rien ?
Rompez un hymen trop funeſte ;
Je prendrai foin d’un fort où j’attache le mien :
Aimez-moi ſeulement, mon art fera le reſte.

JASON.

Je ſçais que tous vous eſt permis,
Votre art ſoumet l’Enfer, le Ciel, la Terre & l’Onde :
Mais les Rois les maîtres du monde
Sont de terribles ennemis.

MEDE’E.

Que me ſert qu’à mon art tout devienne poſſible ?
Mon pouvoir eſt trop foible, un autre en eſt vainqueur,
Mon ennemi le plus terrible
Eſt dans le fond de votre cœur.

JASON.

Vous avez dans mon cœur à ſurmonter la Gloire,
Elle doit ſur l’Amour remporter la victoire.
Pour vous ce triſte cœur a long-tems combattu ;

Mais combien d'innocens ont été vos victimes !
C'est m'arracher à ma vertu ,
Que m'associer à vos crimes.

MEDE'E.
Quel reproche ! Ciel, j'en fremis ,
Et c'est Jason qui m'en accable !
Quoi ! des Mortels le plus coupable.

JASON.
Quels crimes sont les miens ?

MEDE'E.
Tous ceux que j'ai commis.

JASON.
Dieux ! le poison ! le parricide !

MEDE'E.
Ce sont-là nos commiuns forfaits.

JASON.
Justes Dieux !

MEDE'E.
Je ne les ai fait
Que pour trop aimer un Perfide.

Ah ! que l'Amour est un fatal vainqueur !
Je n'ai que trop senti jusqu'où va sa puissance;
Avec le repos de mon cœur
Il m'en coute mon innocence.

Mais je sçais dans quel sang il me faut expier,
    Et tant d'amour & tant de crimes ;
Ma Rivale est enfin de toutes mes victimes
    La derniere à sacrifier.

    Tu vois ma fureur extrême,
    Garde-toi de m'outrager :
    Un cœur qui perd ce qu'il aime,
    N'a plus rien à ménager.

ENSEMBLE.

JASON. { Craignez } ma fureur extrême.
MEDE'E. { Tu vois }

JASON.   Gardez-vous de vous vanger.
MEDE'E. Garde-toi de m'outrager :
    Un cœur qui perd ce qu'il aime,
    N'a plus rien à ménager.

SCENE V.

MEDE'E.

LE Perfide ! il me quite ! il brave ma vangeance
Et je pourrois souffrir cette nouvelle offense !

C'en eſt trop, vangeons mon amour;
Puniſſons, perdons qui m'outrage:
Que tout reſſente tour à tour
Ce que peut ma jalouſe rage.
C'en eſt trop, vangeons mon amour;
Puniſſons, perdons qui m'outrage.

Vous, qui pour plaire à mon Volage
Avez pris ſoin d'orner ces lieux,
Démons, transformez-vous en Monſtres furieux,
Et portez par tout le ravage.

Les Démons ſe transforment en Monſtres.

FIN DU TROISIEME ACTE.

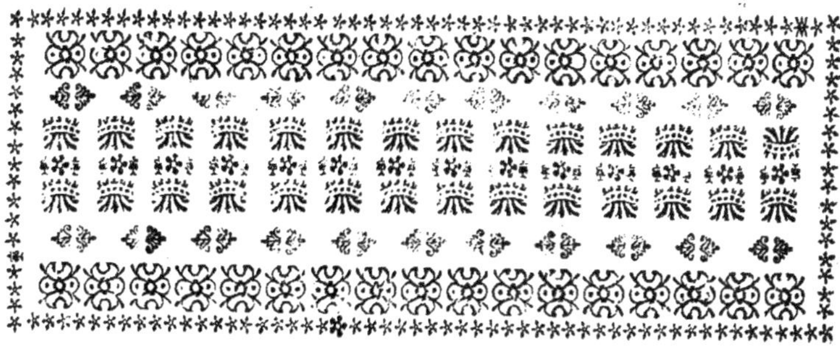

ACTE QUATRIÉME.

Le Theatre represente le Rivage de la Mer, le Port
& la Ville de Corinthe dans le fond.

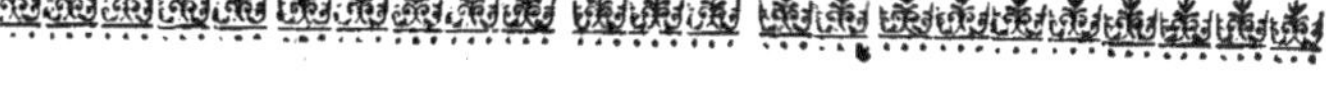

SCENE PREMIERE.

C R E U S E.

Ason ne m'aime plus ; ô rigoureux tourment !
Helas ! puis-je douter qu'il ne soit infidele ?
  Ma Rivale n'est que trop belle.

Au milieu des plaisirs, dans ce fatale moment
Ils se jurent tous deux une amour éternelle ;
Jason ne m'aime plus ; ô rigoureux tourment !

  Je vois approcher mon Perfide ;
  Quel dessein prés de moi le guide !

SCENE II.

JASON, CREUSE.

JASON.

QUe de maux défolent ces lieux !
Que Medée en fureur s'immole de victimes !
Se peut-il que les juftes Dieux
Laiffent impunis tant de crimes !

CREUSE.

Quand les Dieux fufpendent leurs coups,
Leurs bontez vous font favorables ;
S'ils puniffoient tous les coupables,
Vous auriez à trembler pour vous.

JASON.

Il eft vrai, c'eft moi feul qu'il faut que l'on accufe
Des maux dont je plains la rigueur :
Mais, que dis-je ? non, je m'abufe,
Vos yeux ont part au crime auffi-bien que mon cœur.
C'eft à moi cependant à calmer tant d'allarmes ;
C'eft trop faire couler & de fang & de larmes ;
Il eft tems de quiter ce malheureux féjour.

CREUSE.

Va, Perfide, fui, qui t'arrête ;
Va, fui ta premiere conquête,
Porte loin de mes yeux ton infidele amour.

JASON.

JASON.

Moi, vous trahir !

CREUSE.

J'ai vû cette odieuse fête,
Où ma Rivale a triomphé de moi.

JASON.

J'aurois pû vous manquer de foi !

CREUSE.

Ingrat, pour me prouver que tu m'étois fidele,
Il falloit marcher sur mes pas.

JASON.

Il falloit donc, Cruelle,
Vous livrer au trépas,
Medée alloit sur vous faire éclater sa rage.

CREUSE.

Non, tu prétends en vain excuser ton outrage :
Ma Rivale m'apprend à tout craindre de toi.

Medée avoit reçû ta foi
Lorsque je t'engageai dans une amour nouvelle ;
Et tu peux me trahir pour elle,
Comme tu la trahis pour moi.

JASON.

Je ne m'en défends pas, je suis un infidele,
Pour me le reprocher il suffit de mon cœur ;
Mais un crime forcé dont la cause est si belle,
Merite-t-il tant de rigueur ?

Tout doit vous rendre les armes,

C’est une fatalité,
Est-il de fidelité
A l’épreuve de vos charmes ?

ENSEMBLE.

CREUSE. Volage, { c’est trop } m’abuser.
JASON. Cruelle, { c’est trop } m’accuser.

Votre { feinte / plainte } augmente ma peine.

CREUSE. Vous avez pris une autre { chaîne.
JASON. Je veux mourir dans votre { chaîne.

Quels tourmens vous m’allez causer !

CREUSE.

Le Roi vient, il gemit : cachons-lui mes allarmes,
Derobons-lui des pleurs qui coulent malgré moi ;
Ses soûpirs sont dignes d’un Roi ;
Mais, je dois rougir de mes larmes.

SCENE III.
CREON, JASON.

CREON.

Que de sang ! que de morts viennent de toutes
　　parts
　　S’offrir en foule à mes regards !
Ne puis-je être immolé pour un Peuple que j’aime.
Mais quand vous me montrez de si tristes objets,
　　Dieux ! dans chacun de mes sujets,
　　N’est-ce pas m’immoler moi-même !

JASON.

Seigneur, dans ce spectacle affreux,
Reconnoissez mon seul ouvrage.
Sans moi, ce Peuple malheureux
N'eut jamais vû Medée aborder ce rivage.
C'est moi que la Barbare en ces lieux vient chercher;
Permettez que je parte, elle suivra ma fuite.

CREON.

Non, il faut qu'elle meure, elle a beau se cacher;
Elle se flate en vain de tromper ma poursuite;
Elle va tomber dans mes fers.

JASON.

Ah ! songez que son art peut armer les enfers.

CREON.

Son art eût-il plus de puissance,
Tout doit ici suivre mes loix;
L'Enfer s'arme pour sa défense,
Mais, le Ciel protege les Rois.

ENSEMBLE.

Suprêmes arbitres du monde,
Grands Dieux; laissez-vous attendrir,
Voyez notre douleur profonde,
Hâtez-vous de nous secourir :
Si votre bras ne nous seconde
Dieux puissants, nous allons périr.

SCENE IV.

CREON, JASON, UN GARDE.

LE GARDE.

SEigneur, votre ennemie est en votre puissance ;
Medée en ce moment va paroître à vos yeux.

CREON ET JASON.

Medée ! ô Dieux ! ô justes Dieux !

JASON.

Je dois éviter sa presence.

CREON.

Allez, laissez à mon courroux
Le soin d'un châtiment qui nous importe à tous.

JASON *se jettant aux pieds du Roi.*

Non, je ne quitte point ces genoux que j'embrasse,
Que vous ne m'accordiez sa grace.

CREON.

Que me demandez-vous ? quel genereux effort !
Le sang de mes Sujets à la punir m'engage.
Mais, je veux bien calmer un si juste transport ;
Loin de ces lieux qu'elle porte sa rage,
Que par un prompt départ elle évite la mort,
Sa grace est à ce prix. Elle vient la cruelle.

JASON.

Seigneur, je vous laisse avec elle.

SCENE V.

CREON, MEDE'E.

CREON.

LE Ciel te livre à mon courroux,
Monstre fatal à mon empire.
Mais lorsqu'à me vanger avec moi tout conspire,
Ma pitié s'oppose à mes coups,
A ton exil je borne ton supplice.

MEDE'E,

Ciel! quelle grace!

CREON.

   Accepte cette loi,
Et n'irrite pas ma justice,
Quand ma clemence agit pour toi:
Songe à tout ce qu'a fait ta rage;
Songe quels flots de sang ont innondé ces lieux.

MEDE'E.

J'ai fait sur ce fatal rivage
Ce qu'auroient dû faire les Dieux.

Vous me choisissez pour victime,
Et vous couronnez mon époux;
Pourquoi protegez-vous le crime,
Ou pourquoi le punissez-vous?

CREON.

Tu m'outrages encor ! va, fui de cette rive ;
Mes vaiſſeaux ſont tous prêts , hâte toi de partir ;
D'une obéïſſance tardive
Crains enfin de te repentir.

MEDE'E.

Que mon perfide époux partage mon ſupplice.
De quoi me punis-tu, dont il ne ſoit complice ?
Si je pars de ces lieux , qu'il marche ſur mes pas.

CREON.

Obéïs à mes loix.

MEDE'E.

Ordonne mon trépas.
Tes loix ſeront plus légitimes ;
Mais, laiſſe moi Jaſon, Tyran, ne m'ôte pas
Ce qui m'a coûté tant de crimes.

CREON.

Ah ! ç'en eſt trop , je cede au plus affreux tranſport ;
Hâte-toi de partir, ou n'attend que la mort.

O toi qui fait trembler tous les Rois de la terre,
Grand Dieu qui lances le Tonnerre,
Sois attentif au ſerment que je fais :
Si ce coupable objet de ma juſte colere
Revoit dans ce ſéjour l'Aſtre qui nous éclaire,
Puni-moi de tous ſes forfaits ;
Puiſſai-je voir mon Trône en poudre,
Puiſſe l'enfer vangeur au défaut de la foudre
M'enſevelir ſous mon Palais.

SCENE VI.
MEDE'E.

TU periras, Roi témeraire;
  C'eſt à toi de frémir d'effroi :
Le ſerment que tu viens de faire
  Va retomber ſur toi.

  Ma Rivale, mes enfans même;
  Que tout reſſente ma fureur;
  Immolons dans tout ce qu'il aime,
  L'Ingrat qui me perce le cœur.

SCENE VII.
MEDE'E, NERINE.
NERINE.

POur votre départ tout s'apprête;
O Dieux ! que de perils ménaçoient votre tête !
  J'en ai tremblé, j'en ai frémi;
Mais, Jaſon d'un ſeul mot a calmé la tempête :
  Le Roi n'eſt plus votre ennemi,
  Il charge de votre conduite
Ceux qu'autrefois leur zele arracha de Colchos,
  Pour s'attacher à votre fuite,
Trop heureux avec vous de repaſſer les flots.

MEDE'E.

Il n'est pas tems encor de quitter ce rivage.

NERINE.

Redoutez le courroux du Roi.

MEDE'E.

Non, il faut en ces lieux achever mon ouvrage.

NERINE.

O Ciel! je reprends mon effroi.

MEDE'E.

Tu crois que ce Tyran dont tu crains la vengeance,
D'un sort tel que le mien soit l'arbitre absolu;
   Ah! si je suis en sa puissance,
   Apprend que je l'ai bien voulu :
   Quoique l'on osât entreprendre,
   Mon art pouvoit le renverser;
   Mais j'ai dû me laisser surprendre,
Pour m'approcher des cœurs que je voulois percer.

NERINE.

Qu'osez-vous méditer;

MEDE'E.

         Que rien ne t'embarrasse.
Va trouver mon Ingrat, pein-lui mon repentir,
Di-lui qu'à mon exil je viens de consentir,
Qu'au sort plus qu'à son cœur j'impute ma disgrace;
Mais, que je veux au moins en partant de ces lieux,
   Recevoir ses derniers adieux.

On entend un bruit de Haut-bois.

NERINE.

NERINE.

Les Matelots qui doivent vous conduire,
Viennent montrer ici leurs tranſports éclatans.

MEDE'E.

A l'eſpoir qui les flate ils ſe laiſſent séduire?
Ils n'en joüiront pas long-tems.

SCENE VIII.

TROUPE DE MATELOTS.

CHOEUR.

Par mille chants d'allegreſſe,
Celebrons notre retour;
Nous allons quitter la Grece
Pour revoir l'heureux ſéjour
Qui nous a donné le jour.
Par mille chants d'allegreſſe
Celebrons notre retour.

On danſe.

UN MATELOT UNE MATELOTTE.

Quand le vent rit ſur l'onde,
Il remplit nos vœux;
Quand l'Amour nous seconde,
C'eſt un vent heureux.

F

Qu'à nos vœux deformais tout réponde;
Jeux charmans, doux Zephirs,
Regnez pour nos plaifirs.

Quand le vent rit fur l'onde,
Il remplit nos vœux,
Quand l'Amour nous feconde,
C'eft un vent heureux.

Quels écüils vous cachiez Mer profonde!
Quels perils, tendre amour
Tu caches à ton tour !

Quand le vent rit fur l'onde, &c.

On danfe.

UN MATELOT.

Sur les flots on peut s'attendre
Qu'un vent affreux
Amene un calme heureux.

Un cœur tendre
Doit prétendre
Un beau jour
Dans l'Empire d'Amour.
Point de charmes
Sans allarmes.
Les plaifirs
Sont le prix des foupirs.

UN MATELOT.

Noirs orages
Qui caufez tant de naufrages,
C'eft trop gronder ;
Laiffez aborder,
Ceux qui font de tendres voyages
Sur de charmans rivages.

Tout confpire
Contre un cœur qui foupire,
Ombrages, foins jaloux ;
Les flots font en courroux :
Mais bien fouvent,
Malgré le vent,
On trouve un heureux fort ;
L'Amour conduit au Port.

On continuë les Danses : elles sont interrompuës par un bruit de vent & de tonnerre, la Mer se soúleve & effraye les Matelots.

CHOEUR.

Quel bruit ! quels vents ! Ciel quel affreux orage !
Les flots fremissant de courroux,
Sont prêts d'engloutir le rivage.
Dieux ! le tonnerre gronde, il nous menace tous;
Sauvons-nous.

FIN DU QUATRIEME ACTE.

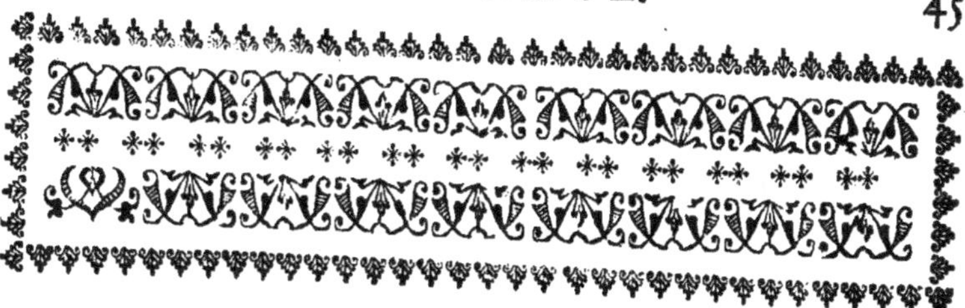

ACTE CINQUIÉME.

Le Théatre represente le Palais de Créon.

SCENE PREMIERE.

MEDE'E.

Rête à porter d'horribles coups,
De mes sens quel effroi s'empare !
Autour de ce Palais sans dessein je m'é-
      gare ;
J'ai beau ranimer mon courroux,
Je ne me trouve pas un cœur assez barbare
    Au gré de mes transports jaloux.

Les ombres de la nuit ont fait place à l'aurore,
    Et dans mon cœur le trouble regne encore !
Vangeons-nous. Justes Dieux ! quel projet inhumain !
Frappons : dans ma fureur suis-je assez affermie ?
Ah ! de mon propre sang suis-je assez ennemie,
    Pour le répandre de ma main ?

F iij

Mais qu'elle eſt mon erreur extrême ?
Ne puis-je me vanger ſans me punir moi-même ?

Flambeau des Cieux, Pere du jour,
Qui rougis d'éclairer ce coupable ſéjour,
Toi dont je n'oſe ici me vanter de deſcendre,
Aprés un affront ſi ſanglant ;
Permets qu'avec ſon Char brûlant,
Je tombe ſur Corinthe & le réduiſe en cendre.

Eſt-ce aſſez pour punir Jaſon ?
Non, il eſt d'autres coups dont il faut qu'il gemiſſe,
A l'horreur de la trahiſon,
Je dois meſurer le ſupplice.

Vous, qui portez par tout le ravage & l'horreur
Venez à mon ſecours, Venez, noires Furies ;
Accourez ; verſez dans mon cœur
Vos plus cruelles barbaries.

Les trois Furies ſortent de l'Enfer.

SCENE II.

MEDE'E ET LES TROIS FURIES.

LES TROIS FURIES.

Nous quittons les Enfers pour toi,
Parle, que faut-il entreprendre ?

MEDE'E.
Il faut verfer pour moi
Un fang que je n'ofe répandre.

MEDE'E & LES TROIS FURIES.
Portons nos coups
D'intelligence.

MEDE'E.
Rien n'eft fi doux
Que la vangeance.

MEDE'E & LES TROIS FURIES.
Vangeance, vangeance.

La premiere Furie.
Quel mortel ofe t'outrager?

MEDE'E.
Helas!

La feconde Furie.
Tu gardes le filence?

La troifiéme Furie.
Quand il s'agit de te vanger,
Se peut-il que ton cœur balance?

Les trois Furies repetent ces deux derniers Vers.

MEDE'E & LES TROIS FURIES.
Portons nos coups
d'Intelligence,
Rien n'eft fi doux
Que la vangeance.

MEDE'E.

Mettons le comble à mes forfaits ;

Aux Furies.

Ne rentrez pas encore dans les sombres abîmes ;
Vos enfers sont dans ce Palais ;
Vous y trouverez vos victimes.
Entrez, je vais me joindre à vous ;
Je veux porter les premiers coups.

SCENE III.

MEDE'E, JASON.

MEDE'E.

ENfin voici l'instant funeste,
Qui doit me separer de vous ;
Pour la derniere fois je parle à mon époux ;
Vivre dans sa memoire est tout ce qui me reste ;
Je n'impute qu'au sort votre manque de foi.

JASON.

Ah ? que n'est-il en ma puissance,
De dissiper les ombrages du Roi !

MEDE'E.

L'Enfer soûmis à mon obéïssance,
Cesse de désoler ces lieux ;
Et je vais achever en fuyant de vos yéux,
De vous rendre votre innocence.

Dans

Dans cet embraſſement recevez mes adieux.

JASON.

Helas !

MEDE'E.

Pour ſoûlager mon ame,
Au nom de nos ſacrez liens,
Accordez à mes pleurs vos enfans & les miens,
Tendres gages de notre flâme;
Permettez qu'ils ſuivent mes pas.

JASON.

Ah ! demandez plûtôt ma vie.

MEDE'E.

Quoi? vous ne voulez pas contenter mon envie !

JASON.

C'eſt me condamner au trépas.
Pour mes enfans ma tendreſſe eſt extrême.

MEDE'E.

Vous les aimez ! eh bien c'eſt tout ce que je veux;
Je ne vous preſſe plus de répondre à mes vœux,
De votre ſeul bonheur je fais mon bien ſuprême.

Elle s'en va & revient.

Par un regret encore je me ſens retenir,
Ne me refuſez pas cette derniere grace.

JASON.

Parlez, dans cette Cour je puis tout obtenir.

MEDE'E.

Loin de mes chers enfans puiſqu'il faut me bannir,
Jaſon, qu'au moins je les embraſſe,
Venez, conduiſez-moi prés d'eux,

G

Soyez témoin des pleurs que mes yeux vont répandre.
JASON.
Non, voyez-les sans moi ces enfants malheureux,
Je ne soûtiendrois pas un spectacle si tendre.

Médée entre dans le Palais.

SCENE IV.

JASON, CREUSE,

JASON.
EH bien, Medée est prête à partir de ces lieux,
    Aurez-vous encor l'injustice
    D'accuser mon cœur d'artifice ?
    J'ai reçû ses derniers adieux.
CREUSE.
J'ai tout appris du Roi je suis seule coupable ;
    Mais, quel crime est plus pardonnable ?
JASON.
    Rien ne sçauroit plus nous troubler,
Notre amour desormais peut s'expliquer sans crainte.
CREUSE.
    Medée est encor dans Corinthe,
    N'ai-je pas encore à trembler ?

ENSEMBLE.
Amour, pren pitié de nos peines,
Vole, vien combler tous nos vœux,

Uni de tes plus douces chaînes
Deux cœurs trop long-tems malheureux.

CREUSE.

Mais, il eſt tems de rejoindre mon Pere,
Il craint la vangeance des Dieux ;
Il leur a fait un ſerment témeraire,
Et malgré ce ſerment, Medée eſt dans ces lieux.

On entend un bruit d'Inſtrumens.

Le calme qui vient de renaître
Raſſemble nos Peuples heureux ;
Vous deviendrez bien-tôt leur maître :
Au défaut de Creon, preſidez à leurs jeux.

SCENE · V.

JASON, Troupe de Corinthiens.

CHOEUR.

Aprés de mortelles allarmes,
Le repos n'en eſt que plus doux :
Que chacun en goûte les charmes,
Qu'il regne à jamais parmi nous.

On danſe.

Un Corinthien, alternativement avec le Chœur.

LE CORINTHIEN.

Vivons ſans crainte,
Aimons ſans contrainte,
Vivons ſans crainte,
Aimons, aimons tous.

LE CHOEUR.

Vivons fans crainte,

Aimons fans contrainte,

Vivons fans crainte,

Aimons, aimons tous.

UN CORINTHIEN.

Nos maux finiffent,

Nos larmes tariffent,

Aimons,

Eft-il un fort plus doux ?

LE CHOEUR.

Vivons fans crainte,

Aimons fans contrainte,

Vivons fans crainte,

Aimons, aimons tous.

UN CORINTHIEN.

Nos plaintes defarment

Un fatal courroux :

Les biens qui nous charment

Font mille jaloux.

LE CHOEUR.

Vivons fans crainte, &c.

SCENE VI.

JASON, CREUSE, {
Troupe de Corinthiens.

CREUSE.

AH! Seigneur, quelles barbaries
Medée exerce dans ces lieux !

Creon eſt agité d’implacables furies.

JASON.

Dieux! courons. Mais c’eſt lui qui ſe montre à nos
yeux.

SCENE VII.

CREON, GARDES.

& les mêmes Acteurs de la Scene précedente.

CREON à ſes Gardes.

Barbares, laiſſez-moi, ſouffrez que je reſpire ;
  Rentrez dans l’infernal Empire.
  Quoi ! toujours vous m’environnez !
  Quels tourmens ! quelle ardeur fatale !
  Quelle noire vapeur s’exhale
  De vos flambeaux empoiſonnez !

Où ſuis-je ? quel aſpect ! l’Averne, le Tenare,
Le Stix autour de moi roule ſes flots affreux !
  Quel effroi de mon cœur s’empare !
  Je ne vois que des malheureux.

CREUSE.

Mon Pere ....

CREON.

Quoi ? Medée ! Ah ! je ſuis un parjure.
  Tu n’as donc pas quitté ces bords ?
De mon ſerment trahi, les Dieux vangent l’injure ;
Eh bien pour l’expier, va, deſcend chez les morts.

Il veut tuer Creüſe qu’il prend pour Medée.

G iij

JASON.

Seigneur, qu'allez-vous faire? Ah qu'elle erreur
 cruelle!

CREON.

Dieux! quels demons s'arment pour elle!
Pour qui deftinez-vous, & ces feux & ces fers!
 Fuyons; mais, ô fuite inutile!
Contre tant de fureur, où trouver un azile?
 Je traîne aprés moi les Enfers. *Il rentre.*

JASON, ET CREON.

Ne l'abandonnons pas aux tranfports de fa rage.

Creüfe entre dans le Palais, & les Furies s'oppofent au paffage de Jafon.

JASON.

Que vois-je? tout l'Enfer s'oppofe à mon paffage!
 Chere Creüfe. Ah! je vous perds!

On entend un bruit foûterrain, & le Palais de Creon paroît tout en feu.

CHOEUR.

Dieux! quel mugiffement fort du fein de la Terre!
 Quels feux embrafent ce Palais!
 Le Ciel fait gronder le tonnerre;
Faut-il que nos malheurs ne finiffent jamais!

SCENE DERNIERE.

JASON, MEDE'E,

Troupe de Corinthiens.

MEDE'E *fur un Char tiré par des Dragons volans.*

POur un odieufe Rivale
Fini des regrets fuperflus,

TRAGEDIE.
JASON.
Ciel ! qu'entends-je ?

MEDE'E.
Elle touche à son heure fatale,
Bien-tôt je ne la craindrai plus ;
J'aime à la voir brûler du feu qui la dévore,
Et mon cœur n'en est point jaloux.
Toi, reprend si tu veux, le nom de mon époux.

JASON.
Ose-tu me parler d'un hymen que j'abhorre ?

MEDE'E.
Je viens d'en briser le lien.
Du sang de tes enfans, ce poignard fume encore,
Tu peux le plonger dans le tien.

Medée laisse tomber le poignard aux pieds de Jason,
& s'enfuit sur son Char volant.

JASON.
Barbare, tu mourras. Mais ma vangeance est vaine,
Ce Char la dérobe à mes yeux.

C'en est trop, renonçons à la clarté des cieux,
Pour finir ma mortelle peine.

Il veut se tuer, & le Peuple lui retient de bras.

Fin du cinquiéme & dernier Acte.

CATALOGUE
DES LIVRES NOUVEAUX,

Qui se vendent à Paris chez PIERRE RIBOU, Quay des Augustins,
à la descente du Pont-Neuf, à l'Image Saint Loüis.

VIES des Saints par Ribadeneira, fol. 2. vol. papier fin, 15. liv.
———— De papier Champy, 2. vol. 12. liv.
Ordonnances du Roi pour le fait de la Guerre, in 12. 15. vol. 45. liv.
———— Les Volumes se vendent séparément, 3. liv.
Reglement pour le Régiment des Gardes, in 12. 1. liv.
Prieres Chrêtiennes, recüeillies par ordre de feu M. l'Archevêque de Paris, en Latin & en François; avec une Instruction pour la Confession & Communion, & une Conduite pour bien gagner le Jubilé, in 12. troisiéme édition, 2. liv. 10. f.
Les Loix Civiles dans leur ordre naturel, fol. 2. vol. 18. liv.
———— Les mêmes, in 4. 6. vol. 36. liv.
L'Art de Tourner, ou de faire en perfection toutes sortes d'ouvrages au Tour: ouvrage tres-curieux & tres-necessaire à ceux qui s'exerçent au Tour, Latin & François, fol. 15. liv.
Traduction nouvelle des Odes d'Anacreon, par M. de la Fosse, seconde édition, augmentée de deux Odes, l'une de Pindare, & l'autre d'Horace, in 12. 2. liv. 10. f.
Nouvelle Grammaire Espagnole, par M. Perger, in 12. 2. liv. 5. f.
Nouvelle Traduction de Justin, avec des Remarques, in 12. 2. vol. 4. liv. 10. f.
Conquête du Mexique, in 12. 2. vol. 4. l. 10. f.
Conquête du Perou, in 12. 2. vol. 4. liv. 10. f.
Voyage d'Alep à Jerusalem, in 12. 2. liv.

Traité de la Noblesse, par la Roque, 4. 1710. 7. liv.
Nouvelle & parfaite Grammaire pour apprendre la langue Françoise, du Pere Chifflet, avec un Abregé d'Orthographe, in 12. 1. liv. 10. f.
De la Connoissance de Dieu, par M. Ferrand, in 12. 2. l. 10. f.
Novum Testamentum Græcum, in 18. 1. liv. 16. f.
L'Esprit de l'Ecriture Sainte, in 12. 2. vol. 3. liv. 10. f.
Le Comte de Cardonne, in 12. 1. liv. 16. f.
Les Avantures galantes du Chevalier de Thenicourt, par Madame D...v. in 12. 1. liv. 16. f.
Furteriana, ou les bons mots de M. Furetiere, in 12. 2. liv.
Traduction nouvelle de Miguel Cervantes, in 12. 2. liv.
Biblia sacra, in 4. 6. liv.
Amusemens serieux & comiques, par M. du Fresny, in 12. 1. liv. 10. f.
Grammaire Allemande de Perger, in 12. 1. liv.
Le Jeu de l'Hombre, augmenté des Décisions nouvelles, & des Regles sur les Incidens de ce Jeu, in 12. 1. liv. 10. f.
La Vie de M. Moliere, in 12. 2. liv.
Les Memoires & la Vie de M. de Thou, 4. Roterdam, 5. liv.
Histoire de la Virginie, contenant celle de son établissement & de son gouvernement jusqu'à present, les productions naturelles du Païs, la Religion, les Loix & les Coutumes des Indiens naturels, par un Auteur natif & habitant de ce pays-là, in 12. enrichie de figu-

res en taille-douce, 2. liv. 5. f.

Ecole parfaite des Officiers de Bouche, qui enseigne les devoirs du Maître-d'Hôtel & du Sommelier, la maniere de faire les Confitures seches & liquides, les Liqueurs, les Eaux, les Parfums, la Cuisine, à découper les Viandes, & à faire la Pâtisserie; huitiéme édition, corrigée & augmentée des Pâtes nouvelles, & des nouveaux Ragouts qu'on sert aujourd'hui : Avec des modeles pour dresser les Services de Table, in 12. 1713. 2. liv. 5. f.

Abregé de la Sainte Bible, en forme de Questions & Réponses familieres, tirées de differens Auteurs ; divisé en deux parties, l'Ancien & le Nouveau Testament, par le R. P. Guerad, de la Congregation de Saint Maur, seconde édition, in 12. 2. liv.

Les Délices de l'Italie, contenant une description exacte du Pays, des principales Villes, de toutes les Antiquitez, & de toutes les Raretez qui s'y trouvent; Ouvrage enrichi d'un tres-grand nombre de figures en taille-douce, in 12. 4. vol. 12. liv.

Traité des Jardinages, par M. de la Quintinie, in 4. 2. vol. 12. liv.

Le Prince Grec, in 12. 2. liv.

Histoire de Dom Quixotte de la Manche, derniere édition, augmentée d'un Volume qui va jusqu'à sa mort, in 12. 6. vol. 15. liv.

Les Fables de M. de la Fontaine, in 12 5. vol. 10. liv.

La Princesse de Cleves, in 12, 2. liv. 10. f.

L'Arithmetique de Legendre, nouvelle édition, augmentée de la maniere de compter aux Jettons, in 12. 2. liv. 10. f.

Les Oeuvres de M. de S. Evremond, in 12. 7. vol. 15. liv.

Juvenal, de la traduction du P. Tarteron, in 12. 2. liv. 10. f.

Toutes les Oeuvres de feu M. le Noble, 10. ou 12. vol. in 12. sous presse.

Stile du Conseil, par M. Gauret, in 4. 5. liv.

Code de la Marine, in 4. 3. liv.

Traité historique des Monnoyes de France, par M. le Blanc, in 4. 9. liv.

Dialogues entre le Diable Boiteux & le Diable Borgne, par M. le Noble, in 12. 2. liv.

Traité de la Parole, in 12. brochure, 8. f.

Lucien d'Ablancourt, nouvelle édition, augmentée de Notes nouvelles, in 12. 3. vol. 6. liv.

Numismata ærea Imperatorum Augustorum & Cæsarum in Coloniis, Municipiis & Urbis Jure Latio donatis, ex omni modulo percussa, autore Joanne Foy-Vaillant, in fol. 2. vol. 36. liv.

L'Histoire réduite à ses principes, dédiée à Monseigneur le Duc de Bourgogne, in 12. 2 vol. 3. liv. 10. f.

Contes des Fées, ou les Chevaliers Errans, & le Genie Familier, par M. D... in 12. 1. l. 15. f.

Dom Guzman d'Alfarache, in 12. 3. vol. 7. liv. 10. f.

Traduction en vers François des Epigrammes d'Owen, in 12. 1. liv. 10. f.

Virgile de la traduction de M. de Martiguac, in 12, 3. vol. 6. liv.

Lucrece, de la nature des choses, avec des remarques sur les endroits les plus difficiles, traduction nouvelle, in 12. 2. vol. 4. l. 10 f.

L'Ambiguë d'Auteüil, ou veritez historiques, composées du Joüeur, du Nouvelliste, du Financier, du Critique, de l'Inconnu, du Sincere, du Subtil, de l'Hypocrite, & de plusieurs autres personnages de differens caracteres, in 12. 1. liv. 5. f.

Les Avantures d'Apollonius de Tyr, livre rempli d'évenemens, & écrit dans le même stile que Telemaque, par M. le B.... in 12. 2. liv.

Le Prince Erastus, fils de l'Empereur Diocletian, in 12. 2. liv. 5. f.

Les Voyages de M. Tavernier, derniere édition, revûë & corrigée de quantité de fautes, & augmentée de la Vie & mort de l'Auteur, & d'un Voyage qu'il a fait en Prusse, avec plusieurs planches nouvelles qui n'ont point paru dans les précedentes éditions, le tout dirigé par un ami de l'Auteur qui a fait plusieurs Voyages avec lui, in 12. 6. vol. 15. liv.

Abregé de Geographie, & de tout ce qu'il y a de plus remarquable dans chacune des quatre grandes parties de la Terre, particulierement dans l'Europe & dans le Royaume de France : le tout mis en ordre pour pouvoir être appris & retenu facilement par cœur, avec les routes des postes de France & d'Espagne, dedié à S. A. S. Monseigneur le Prince de Dombes, par M. Poncçin, in 12. 1. liv. 5. f.

Les Metamorphoses d'Ovide, traduites par M. du Ryer, derniere édition, in 12. 3. vol.   6. liv.

Les Fables d'Esope Phrygien, avec celles de Philielphe, traduction nouvelle, enrichie de Discours moraux & historique, & de Quadrains à la fin de chaques discours, avec figures. On a ajouté à cette nouvelle traduction les Contes d'Esope, les Fables diverses d'Abtias & d'Avienus, in 12. 2. vol.   4. l. 10. s.

Les Memoires de la Vie du Comte D.... avant sa retraite, contenans diverses avantures qui peuvent servir d'instruction à ceux qui ont à vivre dans le grand monde; redigez par M. de Saint-Evremont, in 12. 2. vol.   4. liv. 10. s.

Les Memoires de Messire Roger Rabutin, Comte de Bussi, in 12. 3. vol. 7. liv. 10. s.

Idem. Ses Lettres, nouvelle édition, in 12. 4. vol.   8. liv.

Abregé de l'Histoire de France par Mezeray, derniere édit. 4. 3. vol.   24. liv.

Quinte-Curce, de la traduction de M. de Vaugelas, avec le Latin à côté, 2. vol. in 12.   4. l. 10. s.

Oeuvres d'Horace en Latin & en François, avec des Remarques critiques & historiques, de M. Dacier, troisième édition, revûë, corrigée & augmentée considerablement par l'Auteur, in 12. 10. vol.   20. liv.

Histoire de France, par Marcelle, in 12. 4. vol.   8. liv.

Lexicon Buxtorfi, in 8.   4. liv. 10. s.

Les Oeuvres de Maître Gui Coquille, Sieur de Romanci, 1703. 2. vol. 13. liv.

Recuëil de bons mots des anciens & des modernes, in 12.   2. liv.

THEATRE DE MESSIEVRS

Corneille, in 12. 10. vol.   25. liv.

Racine, 2. vol.   6. liv.

Campistron, nouvelle édition, augmentée d'une Tragedie & d'une Comedie, & ornée de figures,   4. liv.

De la Fosse, avec ses Poësies, 2. vol. 5. liv.

Legrand,   2. liv. 10. s.

Crébillon,   3. liv.

Pradon,   3. liv.

De la Grange, augmentée d'Ino & Melicerte, Tragedie,   2. liv. 10. s.

Moliere, 8. vol. nouvelle édition, augmentée de sa Vie, avec de nouvelles Remarques,   15. liv.

Dancourt, 8. vol. nouvelle édition, augmentée de plusieurs pieces qui n'avoient point été imprimées dans les éditions precedentes, avec figures & musique,   15. liv.

Régnard, 2. vol.   5. liv.

Poisson, 2. vol.   3. liv.

De la Font,   2. liv.

De Hauteroche,   2. liv. 10. s.

Palaprat, 2. édition augmentée de plusieurs Comedies qui n'ont pas encore été imprimées, & d'un Recuëil de Pieces en Vers, 2. vol.   5. liv.

Baron,   3. liv.

De Riviere,   2. liv. 10. s.

De la Thuillerie,   2. liv.

Boindin,   2. liv.

De Champ-Mêlé,   2. liv.

De Montfleury, 2. vol.   5. liv.

Boursault, 2. vol.   5. liv.

De Mademoiselle Barbier,   2. liv. 10. s.

Quinaut,   2. liv. 10. s.

Theatre François, 6. vol.   15. liv.

Theatre Lyrique avec une Preface où l'on traite du Poëme de l'Opera, & la Réponse à une Epître Satyrique contre ce spectable, par M. le B. in 12. 2. liv.

Pieces séparées.

Idomenée.
Hypermnestre.
Atrée.
Electre.
Absalon.
Rhadamiste & Zénobie.
Cyrus.
Geta.
Les Tyndarydes.
Saül.
Medée.
Herode.
Ino & Melicerte.
Polydore.
La mort d'Ulysse.
Mustapha.
Agrippa, ou le faux Tiberinus.   } *Tragedies.*

Le Curieux Impertinent.
Les Agioteurs.
L'Amour Charlatan.
Le Naufrage.
Danaé.
Turcaret.
Crispin Rival.
Le Jaloux desabusé.
Les Metamorphoses.
L'Amour vangé.
Esope à la Ville.   } *Comedies.*

Ésope à la Cour.
Sancho Pança Gouverneur.
La Devineresse. } Comedies.
L'Impromptu de Suresne.
Les trois Freres Rivaux.
Les Airs notez des Comedies Françoises, par M. Gilliers, in 4. 7 liv.
Cantates & Arietes de M. le B. fol. 7 l. 10 f.
Medée Opera notté, 7 liv. 10 f. broché, relié 10 liv. 10 f.
Le quatriéme Livre des Motets de M. Campra, 5 liv.
Le Mercure Galant, 1 liv. 10 f.
Et broché, 1 liv. 5 f.
Recueil de Pieces en Vers, adreſſées à S. A. S. Monſeigneur le Duc de Vendôme, & pluſieurs Eſſais de Poëſies diverſes, par M. de Palaprat, 1 vol. in 12. 1 liv. 10 f.
Et toutes les autres Pieces de Theatre, tant anciennes que nouvelles.
Tous les Opera.
L'Hiſtoire de l'Empire, contenant ſon origine, ſon progès, ſes revolutions, la forme de ſon gouvernement, ſa politique, ſes alliances, ſes negociations, & les nouveaux Reglemens qui ont été faits par les Traitez de Vveſtphalie, & autres : par le Sieur Heiſſ. Nouvelle édition, continuée juſques à preſent, & augmentée de pluſieurs Remarques, 5 vol. in 12. 12 liv. 10 f.
Hiſtoire Genealogique & Chronologique de la Maiſon Royale de France, des grands Officiers de la Couronne, & de la Maiſon du Roi ; avec les qualitez, l'origine & le progrés de leur famille : enſemble les Statuts & le Catalogue des Chevaliers, Commandeurs & Officiers de l'Ordre du S. Eſprit. Le tout dreſſé ſur les Titres originaux ; Regiſtres des Chartres du Roi, du Parlement, de la Chambre des Comptes, & du Châtelet de Paris, Cartulaires d'E-

gliſes, Manuſcrits & Memoires qui ſont dans la Bibliotheque du Roi, & autres. Par le P. Anſelme, Auguſtin Déchauſſé. Revûë, corrigée & augmentée par l'Auteur, & aprés ſon decès continué juſqu'à preſent par un de ſes amis, 2. vol. in fol. 1712. 36. liv.
Dictionaire d'Agriculture, contenant generalement tout ce qui regarde le ménage de la campagne, & l'ornement des Jardins, &c. in 4. *ſous preſſe.*
Le Munitionaire des Armées de France, qui enſeigne à fournir les Vivres aux Troupes avec toute l'œconomie poſſible, par M. Nodot, in 8. 1. vol. 3. l. 10. f.
La Connoiſſance parfaite des Chevaux, contenant la maniere de les gouverner, nourrir & entretenir en bon corps, & de les conſerver en ſanté dans les voyages ; avec un détail general de toutes leurs maladies, des ſignes & des cauſes d'où elles proviennent, des moyens de les prévenir, & de les en guérir par des remedes experimentez depuis longtems, & à la portée de tout le monde. Joint à une nouvelle inſtruction ſur le Haras, bien plus étenduë que celles qui ont paru juſqu'à preſent, afin d'élever de beaux Poulains pour toutes ſortes d'uſages. On trouve auſſi dans ce Livre l'Art de monter à cheval, & de dreſſer les Chevaux de manege, tirée des meilleurs Auteurs qui en ont écrit. Le tout enrichi de figures en taille-douce, in 8. 3. liv. 10. f.
Lettre à M. de . . . . ſur l'origine des anciens Rois ou Dieux de l'Egypte ; qui explique ce qui a donné lieu aux Fables des Dieux de l'Antiquité, in 12. 1. liv.
La Rivale traveſtie, in 12. 2. liv.
Nouveaux Secrets de Medecine pour la gueriſon de toutes ſortes de maladies, donnez par une perſonne charitable, augmentez des Secrets naturels de M. Lemery, 1 vol. in 12. 5. liv.